EINNAHMEN   **AUSGABEN**

Datum	Bezeichnung	Betrag	Datum	Bezeichnung	Betrag

Gesamtsumme: _______   **Gesamtsumme:** _______

Datum	Bezeichnung	Betrag	Datum	Bezeichnung	Betrag

Gesamtsumme: ___________   **Gesamtsumme:** ___________

EINNAHMEN   **AUSGABEN**

Datum	Bezeichnung	Betrag	Datum	Bezeichnung	Betrag
Datum	Bezeichnung	Betrag	Datum	Bezeichnung	Betrag

Gesamtsumme: _______________   Gesamtsumme: _______________

EINNAHMEN   **AUSGABEN**

Datum	Bezeichnung	Betrag	Datum	Bezeichnung	Betrag
Datum	Bezeichnung	Betrag	Datum	Bezeichnung	Betrag

Gesamtsumme: ___________   **Gesamtsumme:** ___________

EINNAHMEN   **AUSGABEN**

Datum	Bezeichnung	Betrag	Datum	Bezeichnung	Betrag
Datum	Bezeichnung	Betrag	Datum	Bezeichnung	Betrag

Gesamtsumme: ___________   **Gesamtsumme:** ___________

EINNAHMEN   **AUSGABEN**

Datum	Bezeichnung	Betrag	Datum	Bezeichnung	Betrag

Gesamtsumme: _________   **Gesamtsumme:** _________

EINNAHMEN   **AUSGABEN**

Datum	Bezeichnung	Betrag	Datum	Bezeichnung	Betrag

Gesamtsumme: _______   Gesamtsumme: _______

EINNAHMEN   **AUSGABEN**

Datum	Bezeichnung	Betrag	Datum	Bezeichnung	Betrag

Gesamtsumme: **Gesamtsumme:**

EINNAHMEN **AUSGABEN**

Datum	Bezeichnung	Betrag	Datum	Bezeichnung	Betrag
Datum	Bezeichnung	Betrag	Datum	Bezeichnung	Betrag

Gesamtsumme: ________ Gesamtsumme: ________

EINNAHMEN **AUSGABEN**

Datum	Bezeichnung	Betrag	Datum	Bezeichnung	Betrag
Datum	Bezeichnung	Betrag	Datum	Bezeichnung	Betrag

Gesamtsumme: **Gesamtsumme:**

EINNAHMEN   **AUSGABEN**

Datum	Bezeichnung	Betrag	Datum	Bezeichnung	Betrag
Datum	Bezeichnung	Betrag	Datum	Bezeichnung	Betrag

Gesamtsumme: ________   **Gesamtsumme:** ________

EINNAHMEN   **AUSGABEN**

Datum	Bezeichnung	Betrag	Datum	Bezeichnung	Betrag

Gesamtsumme: **Gesamtsumme:**

EINNAHMEN   **AUSGABEN**

Datum	Bezeichnung	Betrag	Datum	Bezeichnung	Betrag

Gesamtsumme: ______   **Gesamtsumme:** ______

EINNAHMEN   **AUSGABEN**

Datum	Bezeichnung	Betrag	Datum	Bezeichnung	Betrag
Datum	Bezeichnung	Betrag	Datum	Bezeichnung	Betrag

Gesamtsumme: _______   Gesamtsumme: _______

EINNAHMEN   **AUSGABEN**

Datum	Bezeichnung	Betrag	Datum	Bezeichnung	Betrag
Datum	Bezeichnung	Betrag	Datum	Bezeichnung	Betrag

Gesamtsumme: _______   Gesamtsumme: _______

EINNAHMEN   **AUSGABEN**

Datum	Bezeichnung	Betrag	Datum	Bezeichnung	Betrag
Datum	Bezeichnung	Betrag	Datum	Bezeichnung	Betrag

Gesamtsumme: _________   Gesamtsumme: _________

EINNAHMEN   **AUSGABEN**

Datum	Bezeichnung	Betrag	Datum	Bezeichnung	Betrag
Datum	Bezeichnung	Betrag	Datum	Bezeichnung	Betrag

Gesamtsumme: _________   **Gesamtsumme:** _________

EINNAHMEN   **AUSGABEN**

Datum	Bezeichnung	Betrag	Datum	Bezeichnung	Betrag
Datum	Bezeichnung	Betrag	Datum	Bezeichnung	Betrag

Gesamtsumme: _______________   Gesamtsumme: _______________

EINNAHMEN   **AUSGABEN**

Datum	Bezeichnung	Betrag	Datum	Bezeichnung	Betrag
Datum	Bezeichnung	Betrag	Datum	Bezeichnung	Betrag

Gesamtsumme: _______________   **Gesamtsumme:** _______________

Datum	Bezeichnung	Betrag	Datum	Bezeichnung	Betrag
Datum	Bezeichnung	Betrag	Datum	Bezeichnung	Betrag

Gesamtsumme: __________   **Gesamtsumme:** __________

EINNAHMEN   **AUSGABEN**

Datum	Bezeichnung	Betrag	Datum	Bezeichnung	Betrag
Datum	Bezeichnung	Betrag	Datum	Bezeichnung	Betrag

Gesamtsumme: _________   **Gesamtsumme:** _________

EINNAHMEN   **AUSGABEN**

Datum	Bezeichnung	Betrag	Datum	Bezeichnung	Betrag

Gesamtsumme: _______________   **Gesamtsumme:** _______________

EINNAHMEN   **AUSGABEN**

Datum	Bezeichnung	Betrag	Datum	Bezeichnung	Betrag

Gesamtsumme: _______________   Gesamtsumme: _______________

EINNAHMEN   **AUSGABEN**

Datum	Bezeichnung	Betrag	Datum	Bezeichnung	Betrag

Gesamtsumme: _______   **Gesamtsumme:** _______

Datum	Bezeichnung	Betrag	Datum	Bezeichnung	Betrag

Gesamtsumme: Gesamtsumme:

EINNAHMEN   **AUSGABEN**

Datum	Bezeichnung	Betrag	Datum	Bezeichnung	Betrag

Gesamtsumme: ___________   **Gesamtsumme:** ___________

EINNAHMEN   **AUSGABEN**

Datum	Bezeichnung	Betrag	Datum	Bezeichnung	Betrag

Gesamtsumme: __________   **Gesamtsumme:** __________

EINNAHMEN   **AUSGABEN**

Datum	Bezeichnung	Betrag	Datum	Bezeichnung	Betrag

Gesamtsumme: _______   **Gesamtsumme:** _______

EINNAHMEN   **AUSGABEN**

Datum	Bezeichnung	Betrag	Datum	Bezeichnung	Betrag

Gesamtsumme: _____________   **Gesamtsumme:** _____________

EINNAHMEN   **AUSGABEN**

Datum	Bezeichnung	Betrag	Datum	Bezeichnung	Betrag

Gesamtsumme: __________   Gesamtsumme: __________

EINNAHMEN   **AUSGABEN**

Datum	Bezeichnung	Betrag	Datum	Bezeichnung	Betrag

Gesamtsumme: ________   Gesamtsumme: ________

EINNAHMEN   **AUSGABEN**

Datum	Bezeichnung	Betrag	Datum	Bezeichnung	Betrag
Datum	Bezeichnung	Betrag	Datum	Bezeichnung	Betrag

Gesamtsumme: _______________   Gesamtsumme: _______________

EINNAHMEN   **AUSGABEN**

Datum	Bezeichnung	Betrag	Datum	Bezeichnung	Betrag

Gesamtsumme: ________   **Gesamtsumme:** ________

EINNAHMEN   **AUSGABEN**

Datum	Bezeichnung	Betrag	Datum	Bezeichnung	Betrag
Datum	Bezeichnung	Betrag	Datum	Bezeichnung	Betrag

Gesamtsumme: _______________   **Gesamtsumme:** _______________

EINNAHMEN   **AUSGABEN**

Datum	Bezeichnung	Betrag	Datum	Bezeichnung	Betrag

Gesamtsumme: _______________   Gesamtsumme: _______________

EINNAHMEN   **AUSGABEN**

Datum	Bezeichnung	Betrag	Datum	Bezeichnung	Betrag

Gesamtsumme: _________   Gesamtsumme: _________

EINNAHMEN   **AUSGABEN**

Datum	Bezeichnung	Betrag	Datum	Bezeichnung	Betrag

Gesamtsumme: **Gesamtsumme:**

Datum	Bezeichnung	Betrag	Datum	Bezeichnung	Betrag
Datum	Bezeichnung	Betrag	Datum	Bezeichnung	Betrag

Gesamtsumme: __________   Gesamtsumme: __________

EINNAHMEN   **AUSGABEN**

Datum	Bezeichnung	Betrag	Datum	Bezeichnung	Betrag

Gesamtsumme: ________________   Gesamtsumme: ________________

EINNAHMEN   **AUSGABEN**

Datum	Bezeichnung	Betrag	Datum	Bezeichnung	Betrag
Datum	Bezeichnung	Betrag	Datum	Bezeichnung	Betrag

Gesamtsumme: _______   **Gesamtsumme:** _______

EINNAHMEN **AUSGABEN**

Datum	Bezeichnung	Betrag	Datum	Bezeichnung	Betrag
Datum	Bezeichnung	Betrag	Datum	Bezeichnung	Betrag

Gesamtsumme: ___________ **Gesamtsumme:** ___________

EINNAHMEN   **AUSGABEN**

Datum	Bezeichnung	Betrag	Datum	Bezeichnung	Betrag
Datum	Bezeichnung	Betrag	Datum	Bezeichnung	Betrag

Gesamtsumme: _______   **Gesamtsumme:** _______

EINNAHMEN			AUSGABEN		
Datum	Bezeichnung	Betrag	Datum	Bezeichnung	Betrag
Datum	Bezeichnung	Betrag	Datum	Bezeichnung	Betrag

Gesamtsumme: ________   **Gesamtsumme:** ________

EINNAHMEN   **AUSGABEN**

Datum	Bezeichnung	Betrag	Datum	Bezeichnung	Betrag
Datum	Bezeichnung	Betrag	Datum	Bezeichnung	Betrag

Gesamtsumme: ______________   Gesamtsumme: ______________

EINNAHMEN   **AUSGABEN**

Datum	Bezeichnung	Betrag	Datum	Bezeichnung	Betrag
Datum	Bezeichnung	Betrag	Datum	Bezeichnung	Betrag

Gesamtsumme: _______________   Gesamtsumme: _______________

EINNAHMEN   **AUSGABEN**

Datum	Bezeichnung	Betrag	Datum	Bezeichnung	Betrag

Gesamtsumme: _______   **Gesamtsumme:** _______

Datum	Bezeichnung	Betrag	Datum	Bezeichnung	Betrag

Gesamtsumme: **Gesamtsumme:**

EINNAHMEN   **AUSGABEN**

Datum	Bezeichnung	Betrag	Datum	Bezeichnung	Betrag
Datum	Bezeichnung	Betrag	Datum	Bezeichnung	Betrag

Gesamtsumme: ___________   **Gesamtsumme:** ___________

EINNAHMEN   **AUSGABEN**

Datum	Bezeichnung	Betrag	Datum	Bezeichnung	Betrag

Gesamtsumme: ___________   **Gesamtsumme:** ___________

EINNAHMEN   **AUSGABEN**

Datum	Bezeichnung	Betrag	Datum	Bezeichnung	Betrag

Gesamtsumme: _______________   Gesamtsumme: _______________

EINNAHMEN   **AUSGABEN**

Datum	Bezeichnung	Betrag	Datum	Bezeichnung	Betrag

Gesamtsumme: _________   Gesamtsumme: _________

EINNAHMEN   **AUSGABEN**

Datum	Bezeichnung	Betrag	Datum	Bezeichnung	Betrag
Datum	Bezeichnung	Betrag	Datum	Bezeichnung	Betrag

Gesamtsumme: ________   Gesamtsumme: ________

EINNAHMEN   **AUSGABEN**

Datum	Bezeichnung	Betrag	Datum	Bezeichnung	Betrag
Datum	Bezeichnung	Betrag	Datum	Bezeichnung	Betrag

Gesamtsumme: _______________   **Gesamtsumme:** _______________

EINNAHMEN   **AUSGABEN**

Datum	Bezeichnung	Betrag	Datum	Bezeichnung	Betrag

Gesamtsumme: ______   **Gesamtsumme:** ______

EINNAHMEN **AUSGABEN**

Datum	Bezeichnung	Betrag	Datum	Bezeichnung	Betrag

Gesamtsumme: __________ **Gesamtsumme:** __________

EINNAHMEN   **AUSGABEN**

Datum	Bezeichnung	Betrag	Datum	Bezeichnung	Betrag
Datum	Bezeichnung	Betrag	Datum	Bezeichnung	Betrag

Gesamtsumme: _______________   **Gesamtsumme:** _______________

Datum	Bezeichnung	Betrag	Datum	Bezeichnung	Betrag

Gesamtsumme: __________   **Gesamtsumme:** __________

EINNAHMEN   **AUSGABEN**

Datum	Bezeichnung	Betrag	Datum	Bezeichnung	Betrag

Gesamtsumme: _______   **Gesamtsumme:** _______

EINNAHMEN   **AUSGABEN**

Datum	Bezeichnung	Betrag	Datum	Bezeichnung	Betrag

Gesamtsumme: ________   **Gesamtsumme:** ________

EINNAHMEN   **AUSGABEN**

Datum	Bezeichnung	Betrag	Datum	Bezeichnung	Betrag

Gesamtsumme: _______   **Gesamtsumme:** _______

EINNAHMEN   **AUSGABEN**

Datum	Bezeichnung	Betrag	Datum	Bezeichnung	Betrag

Gesamtsumme: _________   Gesamtsumme: _________

EINNAHMEN **AUSGABEN**

Datum	Bezeichnung	Betrag	Datum	Bezeichnung	Betrag
Datum	Bezeichnung	Betrag	Datum	Bezeichnung	Betrag

Gesamtsumme: ______   Gesamtsumme: ______

EINNAHMEN **AUSGABEN**

Datum	Bezeichnung	Betrag	Datum	Bezeichnung	Betrag

Gesamtsumme: ______   **Gesamtsumme:** ______

EINNAHMEN   **AUSGABEN**

Datum	Bezeichnung	Betrag	Datum	Bezeichnung	Betrag
Datum	Bezeichnung	Betrag	Datum	Bezeichnung	Betrag

Gesamtsumme: _________   Gesamtsumme: _________

EINNAHMEN   **AUSGABEN**

Datum	Bezeichnung	Betrag	Datum	Bezeichnung	Betrag

Gesamtsumme: ____________________ **Gesamtsumme:** ____________________

EINNAHMEN   **AUSGABEN**

Datum	Bezeichnung	Betrag	Datum	Bezeichnung	Betrag

Gesamtsumme: _________   **Gesamtsumme:** _________

EINNAHMEN   **AUSGABEN**

Datum	Bezeichnung	Betrag	Datum	Bezeichnung	Betrag

Gesamtsumme: _______   **Gesamtsumme:** _______

EINNAHMEN   **AUSGABEN**

Datum	Bezeichnung	Betrag	Datum	Bezeichnung	Betrag
Datum	Bezeichnung	Betrag	Datum	Bezeichnung	Betrag

Gesamtsumme: ______________   Gesamtsumme: ______________

EINNAHMEN   **AUSGABEN**

Datum	Bezeichnung	Betrag	Datum	Bezeichnung	Betrag

Gesamtsumme: _______________   Gesamtsumme: _______________

EINNAHMEN   **AUSGABEN**

Datum	Bezeichnung	Betrag	Datum	Bezeichnung	Betrag

Gesamtsumme: _________   Gesamtsumme: _________

EINNAHMEN   **AUSGABEN**

Datum	Bezeichnung	Betrag	Datum	Bezeichnung	Betrag

Gesamtsumme: _________   **Gesamtsumme:** _________

EINNAHMEN   **AUSGABEN**

Datum	Bezeichnung	Betrag	Datum	Bezeichnung	Betrag
Datum	Bezeichnung	Betrag	Datum	Bezeichnung	Betrag

Gesamtsumme: _______________   Gesamtsumme: _______________

EINNAHMEN   **AUSGABEN**

Datum	Bezeichnung	Betrag	Datum	Bezeichnung	Betrag

Gesamtsumme: _________   Gesamtsumme: _________

EINNAHMEN   **AUSGABEN**

Datum	Bezeichnung	Betrag	Datum	Bezeichnung	Betrag
Datum	Bezeichnung	Betrag	Datum	Bezeichnung	Betrag

Gesamtsumme: ________   Gesamtsumme: ________

EINNAHMEN   **AUSGABEN**

Datum	Bezeichnung	Betrag	Datum	Bezeichnung	Betrag

Gesamtsumme: _______   **Gesamtsumme:** _______

EINNAHMEN   **AUSGABEN**

Datum	Bezeichnung	Betrag	Datum	Bezeichnung	Betrag

Gesamtsumme: _________   Gesamtsumme: _________

EINNAHMEN   **AUSGABEN**

Datum	Bezeichnung	Betrag	Datum	Bezeichnung	Betrag

Gesamtsumme: ________   **Gesamtsumme:** ________

EINNAHMEN   **AUSGABEN**

Datum	Bezeichnung	Betrag	Datum	Bezeichnung	Betrag
Datum	Bezeichnung	Betrag	Datum	Bezeichnung	Betrag

Gesamtsumme: _______________   Gesamtsumme: _______________

EINNAHMEN   **AUSGABEN**

Datum	Bezeichnung	Betrag	Datum	Bezeichnung	Betrag

Gesamtsumme: _______   Gesamtsumme: _______

EINNAHMEN   **AUSGABEN**

Datum	Bezeichnung	Betrag	Datum	Bezeichnung	Betrag

Gesamtsumme: _________   Gesamtsumme: _________

EINNAHMEN   **AUSGABEN**

Datum	Bezeichnung	Betrag	Datum	Bezeichnung	Betrag

Gesamtsumme: **Gesamtsumme:**

EINNAHMEN   **AUSGABEN**

Datum	Bezeichnung	Betrag	Datum	Bezeichnung	Betrag
Datum	Bezeichnung	Betrag	Datum	Bezeichnung	Betrag

Gesamtsumme: ___________   Gesamtsumme: ___________

EINNAHMEN **AUSGABEN**

Datum	Bezeichnung	Betrag	Datum	Bezeichnung	Betrag

Gesamtsumme: _________   Gesamtsumme: _________

Datum	Bezeichnung	Betrag	Datum	Bezeichnung	Betrag

Gesamtsumme: **Gesamtsumme:**

EINNAHMEN   **AUSGABEN**

Datum	Bezeichnung	Betrag	Datum	Bezeichnung	Betrag

Gesamtsumme: _________   **Gesamtsumme:** _________

EINNAHMEN   **AUSGABEN**

Datum	Bezeichnung	Betrag	Datum	Bezeichnung	Betrag
Datum	Bezeichnung	Betrag	Datum	Bezeichnung	Betrag

Gesamtsumme: **Gesamtsumme:**

EINNAHMEN   **AUSGABEN**

Datum	Bezeichnung	Betrag	Datum	Bezeichnung	Betrag

Gesamtsumme: Gesamtsumme:

Datum	Bezeichnung	Betrag	Datum	Bezeichnung	Betrag
Datum	Bezeichnung	Betrag	Datum	Bezeichnung	Betrag

Gesamtsumme: _______________   Gesamtsumme: _______________

EINNAHMEN   **AUSGABEN**

Datum	Bezeichnung	Betrag	Datum	Bezeichnung	Betrag

Gesamtsumme: _________   **Gesamtsumme:** _________

EINNAHMEN   **AUSGABEN**

Datum	Bezeichnung	Betrag	Datum	Bezeichnung	Betrag
Datum	Bezeichnung	Betrag	Datum	Bezeichnung	Betrag

Gesamtsumme: _______   Gesamtsumme: _______

EINNAHMEN   **AUSGABEN**

Datum	Bezeichnung	Betrag	Datum	Bezeichnung	Betrag
Datum	Bezeichnung	Betrag	Datum	Bezeichnung	Betrag

Gesamtsumme: __________   **Gesamtsumme:** __________

EINNAHMEN　　　　　　　　　　　**AUSGABEN**

Datum	Bezeichnung	Betrag	Datum	Bezeichnung	Betrag
Datum	Bezeichnung	Betrag	Datum	Bezeichnung	Betrag

Gesamtsumme: ________　　　　　　**Gesamtsumme:** ________

EINNAHMEN   **AUSGABEN**

Datum	Bezeichnung	Betrag	Datum	Bezeichnung	Betrag

Gesamtsumme: **Gesamtsumme:**

EINNAHMEN   **AUSGABEN**

Datum	Bezeichnung	Betrag	Datum	Bezeichnung	Betrag

Gesamtsumme: Gesamtsumme:

EINNAHMEN   **AUSGABEN**

Datum	Bezeichnung	Betrag	Datum	Bezeichnung	Betrag
Datum	Bezeichnung	Betrag	Datum	Bezeichnung	Betrag

Gesamtsumme: _______________   Gesamtsumme: _______________

EINNAHMEN **AUSGABEN**

Datum	Bezeichnung	Betrag	Datum	Bezeichnung	Betrag

Gesamtsumme: ________   Gesamtsumme: ________

EINNAHMEN   **AUSGABEN**

Datum	Bezeichnung	Betrag	Datum	Bezeichnung	Betrag

Gesamtsumme: ________   **Gesamtsumme:** ________

EINNAHMEN **AUSGABEN**

Datum	Bezeichnung	Betrag	Datum	Bezeichnung	Betrag
Datum	Bezeichnung	Betrag	Datum	Bezeichnung	Betrag

Gesamtsumme: ________ **Gesamtsumme:** ________

EINNAHMEN　　　　　　　　　　**AUSGABEN**

Datum	Bezeichnung	Betrag	Datum	Bezeichnung	Betrag

Gesamtsumme:　　　　　　　　　　**Gesamtsumme:**